essentials

Essentials liefern aktuelles Wissen in konzentrierter Form. Die Essenz dessen, worauf es als „State-of-the-Art" in der gegenwärtigen Fachdiskussion oder in der Praxis ankommt. Essentials informieren schnell, unkompliziert und verständlich

- als Einführung in ein aktuelles Thema aus Ihrem Fachgebiet
- als Einstieg in ein für Sie noch unbekanntes Themenfeld
- als Einblick, um zum Thema mitreden zu können

Die Bücher in elektronischer und gedruckter Form bringen das Expertenwissen von Springer-Fachautoren kompakt zur Darstellung. Sie sind besonders für die Nutzung als eBook auf Tablet-PCs, eBook-Readern und Smartphones geeignet.

Essentials: Wissensbausteine aus den Wirtschafts, Sozial- und Geisteswissenschaften, aus Technik und Naturwissenschaften sowie aus Medizin, Psychologie und Gesundheitsberufen. Von renommierten Autoren aller Springer-Verlagsmarken.

Hans-Christian Brauweiler

Claimmanagement
Eine einführende Darstellung

Hans-Christian Brauweiler
Westsächsische Hochschule Zwickau
Zwickau
Deutschland

ISSN 2197-6708　　　　　　　ISSN 2197-6716 (electronic)
essentials
ISBN 978-3-658-10224-1　　　ISBN 978-3-658-10225-8 (eBook)
DOI 10.1007/978-3-658-10225-8

Die Deutsche Nationalbibliothek verzeichnet diese Publikation in der Deutschen Nationalbibliografie; detaillierte bibliografische Daten sind im Internet über http://dnb.d-nb.de abrufbar.

Springer Gabler
© Springer Fachmedien Wiesbaden 2015
Das Werk einschließlich aller seiner Teile ist urheberrechtlich geschützt. Jede Verwertung, die nicht ausdrücklich vom Urheberrechtsgesetz zugelassen ist, bedarf der vorherigen Zustimmung des Verlags. Das gilt insbesondere für Vervielfältigungen, Bearbeitungen, Übersetzungen, Mikroverfilmungen und die Einspeicherung und Verarbeitung in elektronischen Systemen.
Die Wiedergabe von Gebrauchsnamen, Handelsnamen, Warenbezeichnungen usw. in diesem Werk berechtigt auch ohne besondere Kennzeichnung nicht zu der Annahme, dass solche Namen im Sinne der Warenzeichen- und Markenschutz-Gesetzgebung als frei zu betrachten wären und daher von jedermann benutzt werden dürften.
Der Verlag, die Autoren und die Herausgeber gehen davon aus, dass die Angaben und Informationen in diesem Werk zum Zeitpunkt der Veröffentlichung vollständig und korrekt sind. Weder der Verlag noch die Autoren oder die Herausgeber übernehmen, ausdrücklich oder implizit, Gewähr für den Inhalt des Werkes, etwaige Fehler oder Äußerungen.

Springer Fachmedien Wiesbaden ist Teil der Fachverlagsgruppe Springer Science+Business Media (www.springer.de)

Vorwort

Die Margen bei Aufträgen jedweder Art werden immer geringer, Aufgabenstellungen, Anforderungen, Vertragswerke, Kundenwünsche, Technologien werden immer komplexer. Dies führt dazu, dass auf der einen Seite eigene Kosten reduziert werden müssen, eine Aufgabe des klassischen Controllings. Zum anderen müssen Kosten, die durch andere verursacht wurden, sachlich und rechnerisch richtig sowie juristisch korrekt weiterberechnet werden. Sofern es sich um Kosten handelt, die zusätzlich und ungeplant entstanden sind, sind sie zusätzlich zu vertraglichen Vereinbarungen einzufordern. Die Geltendmachung von Nachforderungen und Ansprüchen ist ein wichtiger Bestandteil eines Claimmanagements. Spiegelbildlich ist der andere wichtige Bestandteil die Abwehr von gestellten Nachforderungen, sofern sie überzogen, nicht sachgerecht oder sonstwie unberechtigt sind.

Da es sich bei der Geltendmachung von unvorhergesehenen Belastungen, die durch andere verursacht wurden, und der Abwehr von unberechtigten Ansprüchen um die Minimierung von Risiken handelt, die für das Unternehmen aufgrund der immer geringer werdenden Margen gewinnschmälernd bzw. -vernichtend und ggf. sogar existenzbedrohend sind, ist eine Einbindung oder eine organisatorische Parallelisierung zum Risikomanagement sinnvoll.

Dieses Essential basiert in Teilen auf Lehrskripten, die der Autor als Professor für Controlling und Accounting im berufsbegleitenden Studium der AKAD Hochschule Leipzig und der AKAD University Stuttgart entwickelt und eingesetzt hat. Aufgrund des Einsatzes in der akademischen Lehre für Praktiker mit vielen beruflichen Hintergründen spiegelt sich eine hohe Praxisnähe und -relevanz wider. Auch die seit 2006 durchgeführte Lehr- und Forschungstätigkeit als ständiger Gastprofessor für Finanzen und Finanzdienstleistungen an der Deutsch-Kasachischen Universität Almaty (Kasachstan) hat zum Entstehen des Werkes beigetragen. Des Weiteren wurden die aktuellen Entwicklungen der jüngsten Zeit aufgegriffen und einbezogen, während der Tätigkeit als Professor für Betriebliches Rechnungswesen und Interne Revision an der WHZ Westsächsischen Hochschule Zwickau wurden die Kapitel ständig überarbeitet und ergänzt.

Zwickau, Juni 2015 Prof. Dr. rer. pol. Dr. h.c. H.-Christian Brauweiler

Was Sie in diesem Essential finden können

- Ziele und Gründe für Claimmanagement
- Charakteristika von Claimereignissen
- Claimstrategien
- Claimerkennung, -vermeidung bzw. -verfolgung
- Claimberechnung und -controlling
- Verzahnung von Claim- und Risikomanagement

Inhaltsverzeichnis

1	**Claimmanagement**	1
2	**Grundlagen und Verständnis**	3
3	**Ursachen von Claims**	5
4	**Charakteristika von Claimereignissen**	7
5	**Entwicklung und Status von Claimmanagement**	9
6	**Ziele des Claimmanagements**	13
7	**Claimvermeidung**	15
8	**Claimstrategien**	17
	8.1 Defensives Claimmanagement	18
	8.2 Offensives Claimmanagement	18
9	**Der Vertrag als zentrales Element des Claimmanagements**	19
	9.1 Welchen Umfang hat der Auftragnehmer zu leisten?	20
	9.2 Welche Pflichten hat der Auftraggeber?	21
	9.3 Wie ist der geplante Zeithorizont für die Erstellung des Werkes?	22
	9.4 Wie ist das Werk zu erstellen?	22
	9.5 Was geschieht bei Änderungen?	22

10	**Claimerkennung und -verfolgung**	23
11	**Claimberechnung und Claimcontrolling**	29
	11.1 Direkte Kosten	29
	11.2 Indirekte Kosten	30
	11.3 Claimkalkulation	30
12	**Claimmanagement in der Organisation**	33
13	**Claim- und Risikomanagement verzahnen**	35
Literatur		37

Claimmanagement 1

In diesem Essential werden wir uns mit dem Thema Claimmanagement befassen. Unter einem Claim versteht man den Anspruch eines Vertrags- oder Projektpartners (hierbei kann es sich um den Auftraggeber oder den Auftragnehmer handeln), die sich in Folge einer Veränderung des geplanten (Projekt-)Auftrags ergibt. Diese Veränderungen können gewollt oder ungewollt entstehen. Sie können vereinbarte Termine, geplante Kosten oder die zu erbringenden Ergebnisse betreffen. Durch die Komplexität von Projekten kommt es insbesondere in diesem Bereich häufig zu einer Ballung und Kombination dieser drei Aspekte. Claimmanagement umfasst mithin alle Aktivitäten, die notwendig sind, eigene berechtigte Forderungen gegenüber dem Vertragspartner durchzusetzen bzw. fremde unberechtigte Forderungen wirkungsvoll abzuwehren. Hierzu definiert DIN 69905 Claimmanagement als die „Überwachung und Beurteilung von Abweichungen bzw. Änderungen und deren wirtschaftlichen Folgen zwecks Ermittlung und Durchsetzung von Ansprüchen".

Sie werden erkennen, dass das Nichtverfolgen von berechtigten Ansprüchen ebenso wie deren unprofessioneller Abwehr für ein Unternehmen durchaus bestandsgefährdend sein kann. Damit ist ein vernünftiges Claimmanagement im Zusammenhang mit Risikomanagement zu sehen. Claimmanagement – auch Nachforderungsmanagement genannt – ist als ein Methoden-Baukasten zu verstehen, mit dem Projektergebnisse hinsichtlich Ergebnis, Qualitätseinhaltung, Laufzeit, Termintreue und Aufwand bzw. Kosten optimiert werden, wobei das Verhältnis zum Vertragspartner – vor allem im Hinblick auf Folgeaufträge – nicht beschädigt werden soll.

Zunächst werden wir den Begriff des Claims definieren und erläutern. Darauf aufbauend werden wir im Anschluss dann die Notwendigkeit, Gründe und Ursachen des Claimmanagements erläutert.

Grundlagen und Verständnis 2

Beginnen wir mit einigen wichtigen Definitionen:

- Ein Claim ist eine zunächst potenzielle, später auch reale Forderung finanzieller, terminlicher oder sachlicher Art eines Vertragspartners, die dadurch entsteht, dass der tatsächliche Ablauf vom geplanten bzw. vertraglich vereinbarten Ablauf eines Vertrages abweicht. Er ist also begründet in einer zusätzlichen bzw. einer nicht erbrachten Lieferung oder Leistung. Ein deutscher Terminus hat sich noch nicht etabliert, manchmal liest man Nachforderungsmanagement oder Nachtragsmanagement. Man spricht aber vielleicht besser von „Anspruch" denn von „Nachtrag", „Nachforderung" oder gar „Forderung", damit nicht der inhaltlich schon belegte Begriff „Forderungsmanagement" verwendet wird (was unzutreffend wäre, Forderungsmanagement beschreibt den Umgang mit bestehenden Forderungen durch z. B. Zahlungserinnerungen, Mahnungen bis hin zum Inkasso und dergleichen). Man sollte hier vielmehr von Anspruchsmanagement sprechen, was deshalb als bestmögliche Übersetzung vom Autor vorgeschlagen und verwendet wird.
- Die Ansprüche aufgrund erhobener Claims gelten im Allgemeinen solange als strittig, bis sich die Parteien durch eine Vertragsergänzung (Change Order) geeinigt haben. Hierbei ist von Beginn an i.d. R die Verantwortung unstrittig, der Umfang der Lieferung bzw. Leistung und deren Wirkung auf anzurechnende Kosten oder Entschädigung ist hingegen auslegungsbedürftig.
- Ein Claimereignis ist ein Vorgang, aus dem möglicherweise Claimansprüche erwachsen können.
- Aus diesen Claimereignissen können Eigenclaims entstehen, die potenzielle Ansprüche gegenüber dem Vertragspartner bedeuten oder Fremdclaims, die vom Vertragspartner gestellte Forderungen darstellen.

© Springer Fachmedien Wiesbaden 2015
H.-C. Brauweiler, *Claimmanagement,* essentials,
DOI 10.1007/978-3-658-10225-8_2

- Im Verhältnis zu Subunternehmern können deren Fremdclaims zu durchleitungsfähigen Claims, mithin zu Eigenclaims werden.
- Claimabwehr bezeichnet aus der Sicht des Claimempfängers zusammenfassend alle erforderlichen Maßnahmen im Claimmanagement, um zu verhindern, dass ein gestellter Fremdclaim ganz oder teilweise durchgesetzt werden kann.
- Claimmanagement ist die Summe aller Maßnahmen, um berechtigte eigene Forderungen möglichst vollständig bzw. umfangreich durchzusetzen und unberechtigte Fremdforderungen abzuwehren.

Gemäß der Definition des Verbands deutscher Maschinen- und Anlagenbau entspricht Claimmanagement dem „geplanten und kontrollierten Voraussehen, Früherkennen, Überwachen, Beobachten, Feststellen, Dokumentieren und Geltendmachen eigener bzw. der Abwehr fremder Ansprüche, die ursprünglich nicht zwischen den Parteien geregelten Inhalten oder Forderungen entstammen." (VDMA 2003, S. 3).

Ursächlich hierfür sind Abweichungen des tatsächlichen vom vereinbarten Vertragsverlauf, die technischer, zeitlicher, prozessualer oder ähnlicher Art sein können und finanzielle Wirkung entfalten. Zum Claimmanagement gehört die Abwägung, ob die Geltendmachung eines Anspruches ggf. kostenintensiver ist als der Verzicht auf weiterführende Maßnahmen zur Verfolgung der Ansprüche. Dies kann z. B. durch Anwalts- und Prozesskosten, Imageverlust, Verlust von Folgeaufträgen und ähnliche Sachverhalte der Fall sein.

Ursachen von Claims 3

Die Ursachen von Claims liegen in der zunehmenden und hohen Komplexität von lang laufenden Projekten und/oder Serienfertigungen. Die hohe Zeitdauer zwischen Vertragsschluss und Abwicklung der Verträge bzw. zwischen erstmaliger Angebotsabgabe und Schlussabnahme der Leistung durch den Auftraggeber bzw. Ende der vertraglichen Pflichten des Auftragnehmers hinsichtlich produktbegleitender Dienstleistungen oder Garantie- bzw. Gewährleistungsansprüchen bewirken Unwägbarkeiten, die in Claims resultieren können. Anforderungen oder Vorgaben der (End-)Kunden bewirken oft die Notwendigkeit von unmittelbaren Veränderungen am Produkt. Die hohe Komplexität der Vorhaben mit einer großen Anzahl möglicher Beteiligter oder tatsächlicher Vertragspartner (Lieferanten, Konsortien, Kunden) und weitreichende vertragliche Verpflichtungen (z. B. Planung, Beschaffung, Errichtung, Inbetriebsetzung, Dokumentation, Schulung, Betrieb) stellen weitere potenzielle Quellen für Nachforderungen dar.

So kann insbesondere bei Bauprojekten eine Störung dadurch eintreten, dass der Auftragnehmer nicht die vertraglich vereinbarten Verhältnisse auf der Baustelle vorfindet. Dies kann sich in einfachen Dingen wie eine schlechte oder auch gar nicht vorhandene Zufahrtsmöglichkeit bis hin zum fehlenden Fundament oder anderen notwendigen Vorarbeiten (Strom- oder Maschinengestellung usw.) auswirken. Somit ist die Voraussetzung für den Start der Arbeiten des Auftragnehmers nicht gegeben, wodurch er selbst in Gefahr des Verzugs gerät. Die Folgen sind kostenträchtige Wartezeiten, Verzögerungen und ggf. spätere Beschleunigungsmaßnahmen, die ebenfalls wieder kostenintensiv sein können.

Insbesondere bei Einzelprojekten ist es der im Vergleich zum Serienbau geringe Spezifikationsgrad, der eine einheitliche Auffassung von Kunde und Lieferant hinsichtlich geschuldeter und erbrachter Leistungen häufig erschwert. So erfolgt beispielsweise gerne eine Orientierung am sogenannten „Stand der Technik". Wie ist dieser jedoch definiert? Die Folge ist ein erhebliches Störpotenzial für die

Vertragsabwicklung hinsichtlich festgelegter Quantitäten, Qualitäten, Kosten und Zeit, was die Quelle zahlreicher Claims werden kann.

Schließlich kommt es auch häufig vor, dass der Kunde noch nachträglich die Spezifikationen ändert, wodurch weitere Mehraufwendungen sowie auch sog. sunk costs (versunkene Kosten) für bereits erfolgte, nutzlose oder ggf. sogar rückgängig zu machende Arbeiten entstehen.

Subsummierend lässt sich also eine Vielzahl von Gründen für Claims feststellen, neben unklar, widersprüchlich bzw. auslegungsbedürftig formulierten Vertragsklauseln oder nicht (mehr) zutreffenden Annahmen, die bei Vertragsschluss getroffen wurden sind insbesondere Änderungen im Ablauf, im Umfang, in der Güte und Qualität der Leistung für die Entstehung von Claims verantwortlich.

Charakteristika von Claimereignissen 4

Die Vielzahl von möglichen Abweichungen vom geplanten Vertragszustand macht eine abschließende Aufzählung, was als Claimereignis herhalten kann, unmöglich. Als Beispiele für mögliche Claimereignisse, die in zwei Kategorien eingeteilt werden können, gelten folgende Sachverhalte:

- Zum einen gibt es mögliche Claimereignisse mit relativ gut zu beeinflussenden Faktoren wie z. B.:
  - Auftraggeber reduziert den Leistungsumfang
  - verspätete Bereitstellung von Plänen, Lizenzen, Vorprodukten etc.
  - verspätete behördliche Genehmigungen
  - Änderung der Rechtslage
  - Behinderungen (schlechtes Wetter)
- Zum anderen gibt es Claimereignisse mit relativ schlecht beeinflussbaren Faktoren:
  - höhere Gewalt (Hochwasser)
  - drohende Zahlungsunfähigkeit eines Kunden
  - willkürlicher Baustellenzugang im Ausland
  - Ausfall von Schlüssellieferanten
  - sprachliche und kulturelle Probleme

Aus dem Claimmanagement und den daraus entstehenden notwendigen (Nach-) Verhandlungen der Partner entstehen bei Einigung Änderungsaufträge (Change Orders oder Variation Orders), die ausgehandelte und einvernehmliche Vertragsänderungen als ein angestrebtes Ergebnis der Aktivitäten des Claimmanagements darstellen (Kühnel 2008, S. 62).

Manche Autoren leiten daraus her, dass Claimmanagement weniger sinnvoll im Geschäft mit Serienprodukten eingesetzt werden kann und stattdessen einen größeren Nutzen entfaltet, wenn Großprojekte mit langer Laufzeit für Vorbereitung und Durchführung, einer relativ hohen Anzahl Beteiligter, ggf. aus mehreren Branchen, einhergehend mit wirtschaftlicher und technischer Komplexität, Einmaligkeit oder Erstmaligkeit bestimmt sind (Kühnel 2008, S. 62). Aber auch im Bereich der Serienfertigung ergeben sich – durch Markterfordernisse an den Hauptproduzenten herangetragene Kundenwünsche nach Produktvariationen – sehr häufig kostenintensive Notwendigkeiten, die Produktion umzustellen, zusätzliche oder veränderte Fertigungsdesigns aufzubauen usw.

Freilich ist im Großanlagenbau (Flughäfen, Autobahnen, Staudämme, Kraftwerke usw.) die Nachverfolgung von unvorhersehbaren Ereignissen wichtig. In der Serienproduktion ist dies aber je nach Branche gleichfalls angezeigt, denn oftmals ergeben sich leichte Variationen in der Produktgestaltung, die dann insbesondere durch die hohe Stückzahl auch bei geringen Kostenänderungen je Stück oder durch massive Wirkungen auf den Produktionsprozess und damit auf die Kostensituation des einen Vertragspartners haben können. Auch eine (z. T. lang laufende) Serienfertigung kann durchaus als Großprojekt in seiner Gänze bezeichnet werden, es weist auch ähnliche Probleme auf: Der Zeithorizont umfasst mehrere Jahre bis zu einem Jahrzehnt, die Endphase ist mit vielen Variablen nicht vorhersagbar. Daher ist auch hier darauf zu achten, dass jedes Veränderungsereignis sofort auf seine komplette Wirkung analysiert wird und in das unternehmerische Claimmanagement einbezogen wird.

So werden etwa in der Automobilindustrie Teile für ein Modell konstruiert, geprüft und gefertigt. Im sogenannten Feldeinsatz stellt nun der PKW-Hersteller fest, dass es z. B. aufgrund von Vibrationen vorteilhafter wäre, eine Bohrung zusätzlich an einem Einbauteil zu haben, um eine höhere Festigkeit und vibrationsärmeren Sitz des Bauteils zu erreichen. Beim Zulieferer am Ende der Produktionskette kann dieses Bohrloch u. U. eine komplette Umstellung der Bearbeitungsprozesse, die Einbindung einer weiteren CNC-Maschine (Investitionssumme durchaus im Bereich ab 100.000 € aufwärts) sowie zusätzliche Verschleißteile und Werkzeuge, Prüfverfahren, personalintensive Arbeitsschritte usw. bedeuten. Selbst bei hohen Produktionsvolumina kann dies ein Plus der Kosten je Bauteil von 5 oder 10 % bedeuten. Ohne Nachverhandlungen durch ein gut organisiertes Claimmanagement wäre die Marge durch die Änderung aufgezehrt.

Dieses Beispiel zeigt, dass ein strukturiertes und organisiertes Claimmanagement in jedem Unternehmen gleich welcher Produktionsstufe und Branche durchaus zum Fortbestand des Unternehmens beitragen kann.

Entwicklung und Status von Claimmanagement 5

Ursprünglich war das Claimmanagement hauptsächlich im angloamerikanisch geprägten Wirtschaftsraum verbreitet, es ist aber in den letzten Jahren, insbesondere aufgrund höheren Wettbewerbsdrucks einerseits, der vor dem Hintergrund der Globalisierung zu sehen ist sowie damit auch in engem Zusammenhang stehenden schwindenden Margen andererseits auch immer mehr von europäischen Unternehmen eingeführt worden.

Ein wesentlicher Grund für diese Entwicklung liegt bei der Abwicklung von Großprojekten in den immer längerfristiger und weitreichender gewordenen Vertragsbeziehungen, die die Projekte zwangsläufig störanfälliger werden lassen. Bei Massen- und Serienfertigung sind die Anforderungen an das Produkt sowohl von der Qualität als auch von der Quantität her gestiegen. Bereits kleine Beträge je Stück, die durch einen Fremdclaim zu leisten sind bzw. durch nicht eingeforderte Eigenclaims verloren sind, erbringen über die Summe der Artikel massive Wirkungen auf die Ertragslage der betroffenen Unternehmen.

Durch die langen Zeiträume zwischen Angebotsabgabe und Abnahme der Leistungen durch den Auftraggeber bzw. dem Ende der vertraglichen Pflichten steigt die Wahrscheinlichkeit von Änderungen, Nachträgen und Erweiterungen der ursprünglichen Planung stark an. Solange man diese Informationsdefizite bei Vertragsschluss in Verkäufermärkten durch kalkulatorische Zuschläge bei der Preisgestaltung und dem Angebot berücksichtigen konnte, schmälerten Nachträge und Claims zwar den Gewinn, führten aber nicht unbedingt zu einem Verlust. Claimmanagement führte daher ein Schattendasein, sofern es überhaupt bekannt bzw. eingeführt war.

Durch den Wandel zu Käufermärkten in vielen Bereichen, u. a. hervorgerufen durch die Globalisierung und einen zunehmenden Wettbewerb, sind die beim Auftraggeber durchzusetzenden Angebotspreise mit nur mehr geringen Spielräumen für Abweichungen von der ursprünglich kalkulierten Leistung vorhanden (vgl.

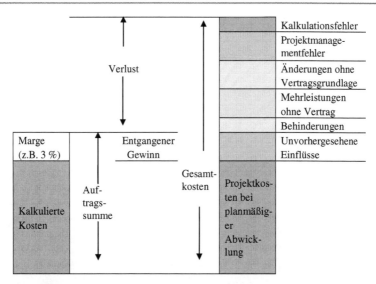

Abb. 5.1 Einfluss von Claims auf die Ertragssituation

Abb. 5.1). Claimmanagement zur Sicherung und Durchsetzung eigener Ansprüche bzw. zur Abwehr von Ansprüchen der Gegenseite ist also ein unverzichtbarer Bestandteil der Ertragssicherung und Unternehmenssteuerung in Zeiten von hartem Wettbewerb (VDMA 2003, S. 23). Abbildung 5.1 veranschaulicht auch sehr gut die potentiellen Ursachen und Wirkungen von Abweichungen vom vorgesehenen Ablauf.

Teilweise haftet Claimmanagement der Ruf an, um jeden Cent zu streiten und eine unendliche Zahl von (Nach-)Forderungen nach oftmals langwierigen Vertragsverhandlungen zu stellen, die man bei dem originalen Vertragsabschluss nicht hat mit unterbringen können. Ausgangspunkt ist die Überlegung, dass derlei als überzogen vermutete Nachforderungen die guten Beziehungen zum Kunden belasten könnten. Häufig wird auch im flexiblen Ändern – ohne Nachverhandlungen – ein Beweis für die eigene Flexibilität und Kundenorientierung gesehen und erst in zweiter Linie das Erbringen einer entgeltpflichtigen Leistung. Außerdem ist das Feststellen, Nachweisen, Anmelden und die Umsetzung von Claims mit erheblicher (Mehr-) Arbeit für das Projektteam verbunden, was bei engen Zeitplänen zusätzlich dafür sorgt, dass Claimmanagement nur ein untergeordnetes Dasein führt, weil die zeitlichen Ressourcen hierfür nicht verfügbar sind. (Abb. 5.1)

Die Bedeutung, die einem strukturierten und planmäßigen Claimmanagement beizumessen ist, wird oft unterschätzt. So bewegen sich Pönalen (Vertragsstrafen) oftmals im Bereich von bis zu 10% des Gesamtauftragswertes. Bei üblichen Margen im unteren einstelligen Bereich (d. h. zwischen 1 und 5%) wird sofort klar, dass ein erfolgreiches Vermeiden von Claims bzw. das Abwehren oder das Reduzieren von Fremdclaims in einer Verhandlungslösung dazu beiträgt, die Marge und damit den Gewinnbeitrag des Projekts zu retten und vor allem das Projekt nicht in den Verlustbereich laufen zu lassen. Claimmanagement hat damit als Instrument der Bestands- und Ertragssicherung und als integraler Bestandteil von Controlling und des betrieblichen Risikomanagementsystems eine besondere Bedeutung.

Ziele des Claimmanagements 6

Das Oberziel des Claimmanagements ist darin zu sehen, eine angemessene Vergütung für vertraglich nicht geregelte aber erfolgte Leistungen einzufordern, auszuhandeln und zu sichern. Neben diesem Oberziel sind auch einige Subziele möglich, die je nach Unternehmensphilosophie eine stärkere oder schwächere Beachtung finden. So kann Claimmanagement darauf verwendet werden, Risiken frühzeitig zu erkennen, die Generierung zusätzlicher Erträge anzuregen, das Entstehen von Fremdclaims zu verhindern, Mehrkosten in der Projektabwicklung (z. B. durch geordnete Strukturen und Verfahren bei Claims) zu verringern sowie teure und potentiell imageschädigende Rechtsstreitigkeiten zu vermeiden.

Die Zielerreichung geschieht, indem ungesicherte Ansprüche der Vertragspartner in (zusatz-) vertraglichen (Change Order) oder gerichtlich gesicherten Ansprüchen (Klage) festgestellt werden sowie ungerechtfertigte bzw. überhöhte gegnerische Forderungen endgültig abgewehrt werden.

Um diese Aufgabe zielorientiert durchführen zu können, müssen alle vorhandenen eigenen bzw. auch potenziellen gegnerische Claims identifiziert werden. Hierzu ist das durch den Vertrag mit bereits erfolgten Nachträgen und Anhängen, zusätzlichen Erläuterungen und Dokumenten, Terminplänen und technischen Zeichnungen definierte Ausführungs-Soll mit dem Ausführungs-Ist, welches sich im Wesentlichen aus dem Werk in seinem tatsächlichen Zustand, aus den Ist-Terminen und aus der As-Built-Dokumentation ergibt, zu vergleichen. Jede Abweichung zwischen Soll und Ist, die sich entweder in Kosten, Zeit oder Ressourcen darstellen lässt, stellt eine Claimmöglichkeit dar.

Sowohl bei Großprojekten als auch bei lang laufenden Serienprodukten, die vorzugsweise an einen oder wenige Abnehmer geliefert werden, stellt die Gruppe der unklaren bzw. auslegungsfähigen technischen Spezifikationen die häufigste Ursache für die Entstehung von Claims bzw. von Nachforderungen dar. Hiermit eng verbunden sind im Zeitablauf notwendig gewordene Änderungen (vgl. hierzu o. g. Beispiel aus der Automobilindustrie) und innovative Projekte, bei denen im Vorfeld keine abgesicherte Leistungsbeschreibung möglich war. Eine weitere Gruppe an Ursachen liegt im Bereich des Termindrucks, der Komplexität des Projekts und Projektmanagements sowie in Störereignissen während des Projektverlaufs (Arnold und Halbleib 1999).

Claimmanagement ist somit eine Controlling- und Abwicklungstätigkeit, die als Teil des Risikomanagements ebenso wie als Teil des Projektmanagements vom ersten Kundenkontakt an strategisch vorbereitet sein muss. Im Verlauf der Vertragsverhandlungen und während der Projektlaufzeit bis hin zur Schlussabnahme und darüber hinaus, bis dass alle Garantie- und Gewährleistungsansprüche verjährt sind, muss das Claimmanagement konsequent angewendet und umgesetzt werden. Die Grundlagen für erfolgreiches Claimmanagement werden bereits bei der Vertragsgestaltung, z. B. durch genaue Leistungsbeschreibungen, Vermeidung von Schnittstellenproblemen und die Einfügung einer Change Order Procedure in den Vertrag gelegt.

Claimvermeidung 7

Die beste strategische Ausrichtung eines Claimmanagements ist auf die Vermeidung von Claims gerichtet. Warum ist das so? Dies wird deutlich, wenn wir uns die hauptsächlichen Ursachen von Claims vor Augen halten:

- Abweichen von Vertragspunkten (Änderungen oder Mehrleistungen),
- Terminverzug,
- Qualitätsmängel sowie
- Mehrkostenforderungen.

Alle Punkte bedeuten, dass mindestens ein Partner unzufrieden ist und bestimmte Fehler (und sei es nur in der Planung) vorlagen. Die Entstehung und Beweissicherung von Claims bedeutet eine hohe zusätzliche Arbeitsbelastung für die Projektmitarbeiter, da sie alles genau dokumentieren müssen. Es bedeutet aber auch eine Belastung der Geschäftsbeziehungen zu dem oder den Kunden sowie im Zweifelsfall (wenn der Claim nicht zu 100 % geltend gemacht werden kann) auch einen verbleibenden Schaden im Unternehmen.

Claimmanager müssen also auf der einen Seite harte Verhandlungspartner sein, auf der anderen Seite auch Mediatoren zwischen den Projektbeteiligten des eigenen und fremden Unternehmens darstellen sowie kompromissbereit sein. Eine Eskalation über Anwälte und Gerichte bezüglich Claims kann letztlich teurer sein als eine Kompromisslösung mit geteiltem Schaden.

Auch eine harsche Vertragssprache kann Ursache für Streitigkeiten sein. Daher ist schon vor Vertragsschluss auf die Vermeidung von Problemen zu achten. Es haben sich verschiedene Methoden und Maßnahmen als besonders hilfreich herausgestellt, die zur Streitminimierung bzw. -vermeidung beitragen:

- Vertragliche Definition von Kommunikationspflichten und -wegen sowie von Reaktionszeiten,
- vertragliche Vereinbarung zu Streitbeilegungsmechanismen und Mediatoren bzw. Schiedsstellen,
- vertragliche Festlegung der Qualitätssicherung,
- definierte Kalkulationsmethoden, -schemata, -grundlagen und -inhalte,
- zeitgleiches und unmittelbares Verfügbarmachen aller projektrelevanten Informationen für alle Beteiligten und Betroffenen,
- Erzeugung von Teambewusstsein und partnerschaftlichem Denken zwischen allen Projektteilnehmern,
- Pflege einer vertrauensvollen Beziehung zum Vertragspartner.

Daneben gibt es eine Vielzahl weiterer Maßnahmen, die nicht unbedingt charakteristisch für das Claimmanagement sind, sondern generell gelten, hier aber als Methoden und Möglichkeiten der Claimvorsorge vorgestellt werden sollen:

- Juristisch einwandfreie und saubere Vertragsgestaltung,
- genaue technische und zeitliche Definition des Vertragsgegenstandes,
- Verwendung von erprobten Standard- oder Musterverträgen mit projektspezifischen Anpassungen und Klauseln,
- klare Leistungsabgrenzungen,
- Einbindung der eigenen Rechtsabteilung,
- Beteiligung der für die Durchführung zuständigen Projektverantwortlichen,
- Einsatz eines professionellen Projektmanagements,
- Einsatz eines Claimmanagers je Projekt,
- klare Verteilung von Verantwortlichkeiten und Kompetenzen im Projekt,
- realistische Projektplanung,
- systematisches Risikomanagement.

Claimstrategien 8

Auch wenn der vorhergehende Abschnitt vorrangig auf die sanften Methoden zur Claimvermeidung hinwies, so gibt es doch auch zwei extreme Ansätze von Claimstrategien: die des defensiven (passiven) sowie die des offensiven (aktiven, aggressiven) Claimmanagements. Welche anzuwenden ist hängt zum einen von der Philosophie des Unternehmens, dem generellen Umgang mit Vertragspartnern, den ggf. schon vorhandenen Erfahrungen mit dem speziellen Vertragspartner, der Ausrichtung und Entwicklung des Projkts und vielen weiteren Faktoren ab. Über die unternehmensintern festzulegende Claimstrategie wird der grundsätzliche Umgang mit Claims im Unternehmen festgelegt.

Die Claimstrategie kann bzw. sollte auch die grundlegende Ausrichtung des Vertragswerkes, wenn dieses schon vorliegt, berücksichtigen. Weitere zu berücksichtigende Aspekte sind:

- Welche langfristige Beziehung wünschen wir zu unserem Vertragspartner?
- Welche Rahmenbedingungen von anderen Geschäftsbereichen oder Konzernunternehmen bezüglich des Claimgegners sind zu berücksichtigen?
- Wie korrespondieren bzw. konfligieren die Claims bzw. deren Durchsetzung mit Projektzielen?
- Welchen Einfluss haben mögliche Claims auf unsere Geschäftsziele?
- Wie belastbar sind die Beweismittel?
- Wer muss alles beteiligt werden?

Für welche der nachfolgend beschriebenen Claimstrategien ein Unternehmen sich entscheidet, hängt auch von der eigenen Unternehmenskultur, von dem kulturellen und wirtschaftlichen Umfeld, der aktuellen wirtschaftlichen Situation sowie evtl. vorhandenen Konzernvorgaben ab.

© Springer Fachmedien Wiesbaden 2015
H.-C. Brauweiler, *Claimmanagement,* essentials,
DOI 10.1007/978-3-658-10225-8_8

8.1 Defensives Claimmanagement

Das defensive Claimmanagement zeichnet sich dadurch aus, dass es kunden- bzw. partnerfreundliche Verträge akzeptiert, Eigenclaims nur bei eindeutigen Verstößen und klarer Sachlage angemeldet werden. Dies geschieht sogar nur dann, wenn auch eine gewisse (Betrags-)Höhe überschritten wird, die eingeforderte Claimsumme entspricht lediglich i. d. R. höchstens dem Wert der eigenen erlittenen Nachteile, ohne weitergehende Kompensation. Generell wird bei Eigenclaims oftmals aus Kulanzgründen auf eine Anmeldung oder Einforderung verzichtet.

Berechtigte Fremdclaims werden hingegen weitestgehend vorbehaltlos und in voller Höhe akzeptiert. Es werden alle Möglichkeiten der Claimvermeidung z. B. durch Warnung oder Kooperation mit dem Vertragspartner, präventive Maßnahmen wahrgenommen.

8.2 Offensives Claimmanagement

Die offensive bzw. oft auch als aggressive Claimstrategie bezeichnete Variante des Verhaltens handelt dagegen in allen o. g. Punkten konträr. Dies bedeutet, dass in den Verträgen bzw. Vertragsformulierungen auf den eigenen Vorteil bestanden wird. Eigenclaims werden unmittelbar bei allen claimverdächtigen Ereignissen angemeldet, unabhängig von der konkreten Beweis- oder Sachlage. Claimmanagement wird eindeutig als Instrument zur generellen Einnahmen- und Ertragsverbesserung angesehen, was auch dazu führt, dass Eigenclaims durch Verschweigen von Fakten gestärkt werden. Die Höhe der Eigenclaims richtet sich nicht an dem maximalen Nachteil aus, sondern man versucht eine Höhe anzumelden und durchzusetzen, die bewusst einen Vorteil darstellt, d. h. bei der die Forderung überhöht bzw. sozusagen mit einer Gewinnmarge gestellt wird.

Fremdclaims werden demgemäß grundsätzlich abgewiesen bzw. infrage gestellt sowie sämtliche denkbaren Gegenargumente, möglichst schlagkräftige, dagegen vorgebracht. In die Strategie der Einnahmenverbesserung ist dann auch die Taktik der Förderung von Eigenclaims durch Unterlassung von Vermeidungshandlungen bis hin zur bewussten Provokation von Eigenclaims einzuordnen.

9 Der Vertrag als zentrales Element des Claimmanagements

Wichtigste Grundlage des Claimmanagements ist der zwischen Auftraggeber und Auftragnehmer geschlossene Vertrag, denn die Nachforderungen entstehen ja aus nicht-vertragskonformem Verhalten oder Leistungen eines der Beteiligten. An dem Text des Vertrags ist zu messen, ob und inwieweit eine Abweichung des Ist-Zustands vom vertraglich fixierten Soll-Zustand und damit ein Claim entstanden ist. Idealerweise regelt der Vertrag auch schon die Folgen einer Abweichung, was naturgemäß bei unvorhersehbaren Ereignissen nicht möglich ist. Jede Nachlässigkeit in der Vertragsgestaltung kann schwerwiegende wirtschaftliche Folgen haben, da zumindest durch Beweissicherung und Verhandlungen Arbeitszeit gebunden wird.

Der jeweilige Liefer- und Leistungsgegenstand hat erheblichen Einfluss auf die Vertragsgestaltung. Verträge über Serienprodukte sind durchweg einfacher als Verträge über Industrieanlagen. Eine scharfe oder gar verbindliche Abgrenzung zwischen den Kontrakten gibt es nicht. Als Vertragsgegenstand unterscheiden sich komplexe Anlagen von Einzelmaschinen oder Standardlösungen meist durch ein größeres finanzielles Volumen, eine Vielzahl an Beteiligten (sowohl hinsichtlich der Branchen als auch der Unternehmen), mehrfache Prozessschritte, Erstmaligkeit oder gar Einmaligkeit des zu erstellenden Objekts sowie damit eng verbunden ein höheres Maß an wirtschaftlichen und technischen Risiken. Dies alles beeinflusst natürlich den konkreten Vertragsinhalt. Je mehr der zu liefernde oder zu leistende Vertragsgegenstand ein Produkt ist, das für einen speziellen Kunden angefertigt wird, desto mehr muss auch der zugrunde liegende Vertrag eine auf den Einzelfall zugeschnittene Struktur und Inhalt haben.

Aus diesen Hinweisen und Erläuterungen geht hervor, dass formularmäßig angebotene Verträge keine optimale Lösung darstellen. Jeder Punkt eines derart komplexen Vertrages muss einzeln ausgehandelt und diskutiert sein, da besondere Anforderungen des infrage stehenden Geschäftes zu berücksichtigen sind. Ohne qualifizierte (interne oder externe) Rechtsberatung werden die meisten Unternehmen nicht auskommen. Das bedeutet, dass das Claimmanagement frühzeitig, z. B. im Verhandlungsstadium, einbezogen werden muss, um potenzielle Claims und daraus entstehende mögliche Risiken von vorneherein durch geschickte vertragliche Regelungen auszuschließen, zu minimieren oder handhabbarer zu machen.

- Claims können ausgeschlossen werden durch lückenlose Leistungsbeschreibungen. Claims können aber auch durch entsprechende vertragliche Freizeichnungsklauseln – ggf. unter Einbezug von Pönalen – ausgeschlossen werden.
- Claims können minimiert werden, indem detailliert dokumentiert wird, warum ein Fremdclaim entstanden ist, welche Umstände dazu geführt haben, wo die Verantwortlichkeiten liegen und wie hoch der Schaden tatsächlich ist. Hieraus können dann z. B. an Subunternehmer die Forderungen weitergereicht oder die Höhe eingeschränkt werden.
- Claims können handhabbarer gemacht werden, indem z. B. für die Klärung möglicher Streitfragen ein Schiedsgericht, z. B. die IHK oder die Außenhandelskammer, vertraglich vereinbart wird.

Insgesamt sollten verschiedene Problemfelder, die nachstehend diskutiert werden, grundsätzlich im Vertrag geregelt sein.

9.1 Welchen Umfang hat der Auftragnehmer zu leisten?

Eine genaue (technische und zeitliche) Beschreibung des Leistungsgegenstands sowie dessen Spezifikationen, Kapazitäten und Fähigkeiten ist hier vorzunehmen. Der vertragliche Leistungsgegenstand kann in Lieferungen, Leistungen oder auch in einer Kombination von beiden bestehen. Die Spezifikationen müssen nicht unbedingt im eigentlichen Vertragstext aufgeführt sein, sondern können in einem Pflichtenheft, welches als Anhang zum Vertrag hinzugefügt wird und als Bestandteil des Vertrags vereinbart wird, definiert sein.

Ggf. als gesonderter Punkt zu betrachten ist die technische Dokumentation, die aufgrund verschiedener Tendenzen (Verbraucherschutz, technische und juristische Regularien usw.) von immer ausführlicherem Umfang wird. Bei der Erstellung ist darauf zu achten, dass die folgenden Punkte auf jeden Fall festgehalten sind:

- der Umfang der Dokumentation,
- ihre Allgemeingültigkeit,
- die Verbindlichkeit,
- der Bearbeitungsstand,

- die Sprache und das geltende Maßsystem,
- die Anzahl der Ausfertigungen,
- ggf. notwendige Änderungsdienste sowie
- Geheimhaltungsbestimmungen.

Für die Zeit nach Abschluss der Lieferung bzw. Leistung ist die Garantie- bzw. Gewährleistungsfrist und auch deren Umfang zu definieren. Hierzu gehören oftmals genaue Regelungen zu Haftungsumfang, Ausschlüsse und Fristen. Außerdem sind die im Rechtsgeschäft üblichen Ansprüche – hierzu zählen z. B. Nacherfüllung, Rücktritt, Minderung, Wandlung, Schadenersatz – ggf. zu konkretisieren oder auszuschließen.

9.2 Welche Pflichten hat der Auftraggeber?

Die Antwort „Den vereinbarten Preis fristgerecht zu zahlen" wäre zu profan. Ort, Zeitpunkt, Währung und Form der Verschaffung des Geldes, ggf. Anzahl und Höhe sowie Fälligkeit der Raten sowie Zinsen bzw. Verzugsschaden sind zu definieren. Aber auch darüber hinaus gibt es regelungsbedürftige Aspekte. Bei komplexen Projekten gibt es immer bestimmte Vorleistungen und gegenseitige Mitwirkung, die vereinbart werden. Durch die Vielzahl an Beteiligten hat der Auftraggeber auch eine Informations- und Koordinationspflicht zwischen den Beteiligten, sofern er diese Aufgabe vertraglich nicht abgegeben hat.

Zu den Pflichten des Auftraggebers gehört auch die fristgerechte Lieferung des Pflichtenhefts, die Rückgabe von eventuell erhaltenen Dokumenten für Garantien, Bürgschaften o. Ä. sowie die Bereitstellung von weiteren notwendigen Informationen während der Projektbearbeitung und die Beantwortung von Zwischenfragen des Vertragspartners.

Des Weiteren ist auch die Beteiligung an und die Mitwirkung bei der Abnahme sowie die Übernahme des Objekts Bestandteil der vertraglichen Pflichten. Da es in diesem Punkt immer wieder Interpretationsschwierigkeiten und Streitigkeiten gibt, ist viel Wert auf die Ausgestaltung der Mitwirkungspflicht im Einzelnen zu legen. Infrage kommt z. B. dass der Auftraggeber einen Abnahmebeauftragten verbindlich und fristgerecht benennt. Weiterhin können Gegenstand der Regelungen sein, dass er weiteres Personal (z. B. für die Qualitätsprüfung) abstellt, dass er Material, Werkzeuge und Ausrüstungen bereitstellt, die notwendigen Voraussetzungen auf der Baustelle schafft oder bestimmte Informationen verschafft.

9.3 Wie ist der geplante Zeithorizont für die Erstellung des Werkes?

Aufgrund der Komplexität der Abläufe sowie des notwendigen Zusammenspiels vieler Beteiligter ist genau zu klären, wer bis wann welche Vorarbeiten zu leisten und fertigzustellen hat, damit die nachfolgenden Gewerke nicht in (unverschuldeten) Zeitverzug geraten. Zu beachten ist, dass die Zeiträume nicht vom Kalender bestimmt sein sollten, sondern von Stichtagen, die sich aus dem Vertragsverhältnis ergeben. So sollte der Beginn der Arbeiten vom Inkrafttreten des Vertrags abhängen (z. B. „einen Monat nach Leistung aller Unterschriften"), wohingegen Zwischenschritte auf vertragliche Bezugszeitpunkte ausgerichtet sein sollten, wie z. B. „Begeh- bzw. Befahrbarkeit des Fundaments".

9.4 Wie ist das Werk zu erstellen?

Hintergrund bzw. Inhalt dieses Punkts ist die Frage der Abnahme, mit der der Kunde die Leistung als vertragsgerecht billigt. Im Vorfeld hierzu werden ggf. Zwischenabnahmen, Leistungsnachweise usw. erfolgen, die ebenfalls genau vom Inhalt und der zeitlichen Lage definiert sein sollen. Im Regelungsumfang müssen Fragen der Störung und Zerstörung im Prüfungsprozess geklärt werden, d. h., in welchem Umfang darf geprüft werden (z. B. Probelauf von 10, 100 oder 1 000 Stück usw.) und wer trägt die Kosten bei Verschulden z. B. des Personals des Auftraggebers, obwohl das Werk noch nicht endabgenommen ist und damit das eigentliche Risiko noch beim Auftragnehmer liegt.

9.5 Was geschieht bei Änderungen?

Hier werden alle Fragen angesprochen, die sich aus Änderungen aufgrund externer und interner Einflüsse ergeben. Vereinbarungen über einen vom Vertrag abweichenden Leistungsumfang (Ergänzungen, Erweiterungen, Änderungen, Variationen oder Weglassungen) oder Zeitplan (Verzögerung, Beschleunigung oder gar Abbruch) sollten bereits im Vorfeld des Projekts klar im Vertrag angesprochen und definiert sein. Für Vorgänge dieser Art sind im Idealfall Prozesse definiert, wie die Partner damit umgehen, z. B. durch Vereinbarung einer Change Order. Für den Fall der Fälle müssen Regelungen über die Beilegung von Streitigkeiten durch Schlichtung, Schiedsgericht oder ordentliche Gerichtsbarkeit enthalten sein.

Claimerkennung und -verfolgung   10

Zur erfolgreichen Durch- und Umsetzung von Claims ist ein strukturiertes und systematisches Vorgehen notwendig. Einen möglichen Vorgehensablauf zeigt Abb. 10.1.
Wie ist das Vorgehen im Claimmanagement?
Zunächst müssen alle Risiken, aus denen Claims entstehen können, überwacht werden. Ein funktionierendes Reportingsystem, welches alle Ist-Abweichungen vom Plan feststellt, beweiskräftig dokumentiert und an die zur Claim-Geltendmachung verantwortliche Stelle weitermeldet ist Grundvoraussetzung für Aussicht auf Durchsetzung der Ansprüche. Insbesondere vor dem Hintergrund, dass die Ansprüche nicht nur glaubhaft gemacht werden, sondern nachgewiesen und im Zweifelsfall sogar gerichtsfest dokumentiert sein müssen, sind erhöhte Anforderungen an die Beweissicherung zu stellen. Als mögliche Beweismittel kommen somit Foto- bzw. Videodokumentationen mit Datum und Uhrzeit infrage, darüber hinaus Lieferscheine, Schadensberichte (möglichst von neutralen Dritten, z. B. vereidigten Gutachtern verfasst), Besprechungsprotokolle, Schriftverkehr, Zeugen usw.

Jeder Mitarbeiter des Unternehmens sollte dazu angehalten werden, Abweichungen, die während der Bearbeitung auffallen bzw. zur Kenntnis gelangen, in einem vorgegebenen Prozess zu erfassen und weiterzumelden. Diese Meldung sollte folgende Informationen beinhalten:

- Benennung des betroffenen Ablaufs, Teilprojektes, Bauteils etc. sowie Beschreibung der Abweichung,
- Beschreibung der Tätigkeit, bei der die Abweichung entdeckt wurde,
- Bezeichnung des Entdeckers der Abweichung (z. B. Fertigung, Fertigungsüberwacher),
- Einschätzung darüber, ob bzw. in welchem Maße die festgestellte Abweichung den Projektfortschritt zeitlich, inhaltlich und kostenseitig beeinflusst,

- sofern möglich Vorschläge zur Minderung des Schadens und Vermeidung der negativen Folgewirkungen.

		ID		Kommentar	
1. Vorbereitung		1.1	Klären des Projektumfeldes	Gefährdet die Abwehr von gegenerischen Claims oder der eigene aktive Claim die Kundenbeziehung oder mögliche Folgeaufträge?	Stetiges Werben um Verständnis der eigenen Position beim Claimgegner. Kontinuierliche Suche nach gemeinsamen Lösungen. Den Claimgegner das Gesicht wahren lassen. Bei multinationalen Projekten kulturelle und mentale Unterschiede extrem wichtig nehmen.
		1.2	Analyse der Vertragssituation	Wann trat der Vertrag in Kraft? Ist der Claim aufgrund des Vertrages oder geltenden Rechts am vereinbarten Gerichtsstand begründet? Welche Vertragsparagraphen sind anwendbar? Gibt es Vertragsparagraphen oder geltendes Recht, welches den Claim abwehren könnte?	
2. Mobilisierung		2.1	Identifikation von Claim-Positionen	Welche Claim-Positionen kamen von der Gegenseite, welche sind selbst darstellbar?	
		2.2	Identifikation des Wertes der unter 2.1 genannten Claim-Positionen	Wie hoch ist der monetäre Wert jeder einzelnen Claim-Position?	
		2.3	Aufstellung und Erst-Analyse der Durchsetzbarkeit einzelner Claim-Positionen	Zusammenstellung der Claim-Positionen und Analyse der Durchsetzungswahrscheinlichkeit aufgrund der Rechtslage und des Umfeldes.	
		2.4	Kosten-Nutzenrechnung für Claim-Maßnahmen	Mit welchem Aufwand lassen sich gegnerische Claims abwehren oder eigene Claims durchsetzen?	
		2.5	Claim-Folgenkalkulation	Welche Folgen hat das Durchsetzen oder die Abwehr einzelner Claim-Positionen?	
		2.6	Sichtung der verfügbaren Beweismittel	Welche Beweise oder Gegenbeweise gibt es für die Claim-Positionen?	
		2.7	Bewertung der Beweismittel und Neu-Analyse der Durchsetzbarkeit der Claim-Positionen	Wie gut sind die Beweismittel? Ist eine lückenlose Beweisführung möglich?	
		2.8	Go-/No-Go-Entscheidung der Verantwortlichen	Abbruch des Vorgehens oder Konfrontation mit Gegenseite?	

Abb. 10.1 Maßnahmen und Vorgehen bei Claimansprüchen. (Quelle: Hahn 2004, S. 2)

3. Aufbereitung	3.1	Strukturieren der Beweismittel	Zuordnung der Beweismittel zu den Claim-Positionen. Innerhalb der Claim-Positionen Zuordnung der Beweismittel zu den anwendbaren Vertragsparagrafen.
	3.2	Begründungsaufbau	Niederschrift einer Begründung für die Abwehr oder das Durchsetzen jeder einzelnen Claim-Position.
	3.3	Zusammenfassung des Claims	Niederschrift einer Zusammenfassung des Claims unter Hinweis und Auflistung der Claim-Positionen.
	3.4	Einreichen des Claims	Einreichen des Claims sowie Kopien aller Beweismittel beim Claimgegner gegen Empfangsquittung.
4. Durchsetzung	4.1	Verhandlung	Möglichst einvernehmliche Verhandlung beider Vertragsparteien zur Zufriedenheit aller.
	4.2	Im Fall des Scheiterns Entscheidung der Verantwortlichen über weiteres Vorgehen	Abwägung ob im Erfolgsfall die eigenen Ansprüche auch durchgesetzt werden können.
	4.3	Gerichtsverfahren	Initiierung gerichtlicher Schritte (Schiedsgerichtsverfahren etc.) ACHTUNG: Erhebliche Kosten.

Abb. 10.1 (Fortsetzung)

Neben der Dokumentation der Sachverhalte ist eine sachliche Prüfung der Auswirkungen im Hinblick auf Technik, Termine und Finanzen notwendig. Weiterhin muss natürlich auch eine Bewertung in Geldeinheiten erfolgen. Auf dieser Basis ist es dann möglich, dem Vertragspartner mit qualitativ und quantitativ bewerteten, dokumentierten und beweisbaren sowie begründeten Nachforderungen gegenüberzutreten. Dies macht deutlich, dass erfolgreiches Claimmanagement eine intensive Aufklärung und Weiterbildung der Projektmitarbeiter ebenso erfordert wie eine enge Zusammenarbeit und Kommunikation zwischen dem (Projekt-)Controlling, den Projektmitarbeitern und dem Claimmanagement. Ansonsten würde der notwendige Zusammenhang zwischen lückenloser Projektdokumentation und -controlling sowie Geltendmachung von Claims mit Aussicht auf Erfolg und damit Gewinnsicherung nicht wahrgenommen werden (Kühnel 2008, S. 64).

Als letzter interner Arbeitsschritt ist nochmals eine vertragliche Prüfung und Bewertung des Claims sinnvoll, um sich ein detailliertes Bild zu machen über die Durchsetzbarkeit der Forderung, mit der Durchsetzung zusammenhängende mögliche weitere Kosten und Risiken (Anwaltshonorare, Gerichtskosten,

Imageschaden usw.) sowie auch ggf. zu erwartender Gegenforderungen, mit denen der Vertragspartner aufrechnen könnte. Als letzter Schritt wird dann zwischen den Vertragsparteien in der Regel eine Verhandlung über die Anerkennung des Claims stattfinden. Ziel dieser Verhandlung ist es, eine für beide Seiten gleichermaßen akzeptable Anerkennung der terminlichen und finanziellen Auswirkungen zu finden und in einem Vertragszusatz den finanziellen Ausgleich zu definieren.

Die eigenen Argumente sollten in einer Claimsituation i. d. R. eher konservativ formuliert werden. Das bedeutet, es ist sinnvoll, die oben erwähnte defensive Claimstrategie anzuwenden, um dadurch beim Vertragspartner glaubwürdig zu erscheinen. In der Praxis zeigt sich außerdem, dass es vorteilhaft sein kann, wenn innerhalb einer Claimsituation nicht alle Positionen in einem Paket angesprochen, sondern die Punkte aufgesplittet und nacheinander angesprochen werden, um bei einzelnen Gegenargumenten durch Nachgeben Kompromissbereitschaft zu signalisieren. Trotzdem können wesentliche Teile der eigenen Position beibehalten und ein evtl. großer Teil der Claims umgesetzt werden.

Das Claimmanagement kann als eine Kreuzung zwischen Controlling (Projektsteuerung) und Vertrieb gesehen werden. Jeder Geschäftspartner wird über Nachforderungen, die letztendlich eine Gefahr für sein Unternehmen darstellen können, nicht sehr erfreut sein. Nachforderungen belasten Projektkalkulationen und -budgets, gefährden ggf. den fristgerechten weiteren Ablauf des Projekts und schmälern die Gewinnmarge bzw. führen zu einem Verlust. Folglich muss ein geschickter Claimmanager auch ein guter Verkäufer sein, denn er versucht dem Kunden ein relativ (und vermutlich auch absolut) unattraktives Produkt, nämlich die Change Order, die mit Mehraufwand für den Kunden verbunden ist, zu verkaufen. Eine wesentliche Aufgabe des Claimmanagers ist deshalb neben seiner Rolle als Controller, der die Verbesserung des Projektergebnisses hinsichtlich Qualität, Finanzen und Leistungszeitraum anstreben muss, auch in seiner Rolle als Verkäufer die Beziehung zum Geschäftspartner nicht über Gebühr zu strapazieren und zu belasten. Dies gilt umso mehr, als auch ggf. Folgegeschäfte mit diesem Kunden zu erwarten wären, die durch die Geltendmachung des Claims entfallen würden (Hahn 2004, S. 2).

Abschließend kann festgehalten werden, dass Claimmanagement zum einen Züge von Controlling hat und gleichzeitig elementarer Bestandteil eines Risikomanagementsystems (nicht nur bei Unternehmen, die Großprojekte betreiben) sein muss (Brauweiler 2015a, S. 2). Claimmanagement entwickelt seine Stärke zur Verbesserung der Position des Unternehmens durch

- Kontrolle des Projektverlaufs,
- Sicherung des Projekterfolgs,
- frühzeitige Warnung vor kosten- und zeitintensiven Änderungen und Abweichungen,

10 Claimerkennung und -verfolgung

- Minderung der Störungen in der Abwicklung,
- Verbesserung der Prozesse,
- Beweissicherung,
- Schaffung der Grundlage für das Geltendmachen und/oder Abwehren von Nachforderungen,
- Verhandlung von Änderungsaufträgen,
- Weiterberechnung von Kostenüberschreitungen sofern möglich,
- Vermeidung von Streitigkeiten,
- Schutz des Projektergebnisses gegen unberechtigte Claims des Vertragspartners,
- Darstellung als professioneller Auftraggeber oder Auftragnehmer (Imagegewinn).

Anzumerken ist aber, dass bei einer von vorneherein fehlerhaften und verlustträchtigen Kalkulation Claimmanagement nicht dazu benutzt werden kann, um mit einem verkalkulierten Projekt doch noch in die Gewinnzone zu kommen (Kühnel 2008, S. 62–64).

Claimberechnung und Claimcontrolling 11

Unabhängig davon, ob man sich für die offensive oder defensive Claimstrategie entschieden hat, müssen die vorgebrachten Claims, um sie erfolgreich einzutreiben, mit aussage- und beweiskräftigen Belegen untermauert werden. Die Beweise liegen oftmals im technischen Bereich, die Aussagekraft muss sowohl auf technischer als auch auf kaufmännischer Seite abgesichert sein. Hierzu ist eine penible Erfassung derjenigen Kosten, die durch die Abweichung verursacht und beeinflusst werden, notwendig. Die entstandenen Kosten lassen sich einteilen in direkte Kosten, die sich aus Sach- und Personalkosten zusammensetzen. Daneben gibt es die indirekten Kosten, worunter betriebs- und projektspezifische Zuschläge sowie claimspezifische Zusatzkosten zu verstehen sind.

11.1 Direkte Kosten

Die direkten Kosten sind relativ einfach zu erheben und ebenso schnell dem Vertragspartner verständlich zu machen und glaubwürdig nachzuweisen. Es handelt sich bei ihnen um die reinen Personal- und Sachkosten aus den beteiligten Bereichen wie Engineering, Material, Bau, Montage und Inbetriebnahme. Teilweise sind in Lieferungs- bzw. Leistungsverträgen von Projekten die Kosten für zusätzliche Leistungen und Lieferungen in einem bestimmten Rahmen, d. h. soweit absehbar oder durchschnittlich anfallend, vertraglich ausgewiesen. So kann z. B. ein Stundensatz für Zusatzarbeiten von Maurern, Kranführern usw. eindeutig im Vertrag festgelegt sein, ebenso wie zugehörige Sachkosten, wie z. B. Kranmieten. In diesen Fällen wird in den Verhandlungen lediglich über die Größenordnung an Stunden oder anderen technischen Einheiten zu diskutieren sein.

11.2 Indirekte Kosten

Bei den indirekten Kosten ist der Nachweis komplizierter. Der Kunde muss hierbei davon überzeugt werden, dass in gewissem Rahmen auch sog. Overhead-Kosten zusätzlich angefallen sind. So verursacht beispielsweise die Entsendung eines Monteurs zur Baustelle zusätzliche Reisekosten und ggf. Kosten für Wartezeiten, Überstunden- und Wochenendzuschläge. Des Weiteren entstehen üblicherweise im Rahmen von allgemeinen Zuschlägen weitere Kostenpositionen, z. B. für Verwaltung, Lizenzen, Risiken und Versicherungen. Der Claimgegner wird allerdings mit reinen Beschaffungspreisen gegenargumentieren.

Ganz schwierig wird die Vermittlung von claimspezifischen Zusatzkosten. Möglicherweise sind sie auch schon im Hauptvertrag ausgeschlossen worden. Als claimspezifische Zusatzkosten sind insbesondere zusätzliche Aufwendungen, die aufgrund des Änderungswunsches entstehen, anzuführen. Hierbei kann es sich um die Kosten für provisorische Lösungen handeln, die bei Lieferung der endgültigen Lösung wieder abgebaut werden. Sowohl die Kosten der Zwischenlösung als auch die Kosten des Rückbaus gelten hier als claimspezifische Zusatzkosten. Kosten für Beschleunigungsmaßnahmen, da die den Claim auslösende Änderung eine Wartezeit ausgelöst hat, sind ein weiteres Beispiel.

11.3 Claimkalkulation

Die Zusammenstellung der Kosten bedeutet eine spezifische Form der Kalkulation, die Claimkalkulation. Diese Claimkalkulation unterscheidet sich von einer Angebotskalkulation, da im Rahmen des laufenden Projekts andere Randbedingungen bestehen. Da ein Claim oftmals in einer streitgeladenen Atmosphäre diskutiert wird – schließlich geht es darum, wer die Mehrkosten trägt, wer Schuld hat, wer ggf. arbeitsrechtliche Konsequenzen zu fürchten hat usw. – ist die Verhandlungsphase nicht mit der der Angebotserstellung zu vergleichen. Auf alle Fälle muss eine möglichst plausible, nachvollziehbare und transparente Berechnung der Kosten vorgelegt werden. Sicherlich werden Sie nach den Ausführungen über die Claimstrategien bemerken, dass die Forderung nach Transparenz bei der Geltendmachung von Kosten bei einer aggressiven Claimstrategie nicht ganz umgesetzt werden wird.

Die Lösung der Problemstellung liegt auch hier bereits vor dem Abschluss des Hauptvertrages: Um einen Claim für beide Seiten akzeptabel und kompromissfähig zu gestalten, sollten bereits im Hauptvertrag detaillierte Regularien für zusätzliche Leistungen und Lieferungen enthalten sein. Innerhalb dessen sollte außer der

11.3 Claimkalkulation

genauen Ablaufbeschreibung eines Claimvorkommnisses auch soweit wie möglich die Kalkulationsbasis für einen Claim geregelt sein.
Für Zusatzarbeiten empfiehlt sich z. B. die Festlegung von:

- Zuschlagsätze für indirekte Kosten,
- Stundensätze für bestimmte Personalkategorien (Management-, Engineering-, Montage- und Inbetriebnahmepersonal usw.)
- Stundensätze für typische projektbezogene oder -übliche Tätigkeiten, bei Bauprojekten z. B. Aushubarbeiten pro m^3,
- Stundensätze für (Spezial-)Maschinen, z. B. Transportmittel (LKW, Kräne, Gabelstapler usw.), technische Geräte (Notstromaggregate, Presslufthammer etc.).

Vorteilhaft für beide Seiten, da u. U. erheblicher Personaleinsatz zum Nachweis der Forderung eingespart werden kann, ist eine vertragliche Festlegung, ob die Claims pauschal oder nach Aufwand abgerechnet werden sollen.

Claimmanagement in der Organisation 12

Schließlich stellt sich auch die Frage nach der organisatorischen Einbindung des Claimmanagements. Der für das Projekt verantwortliche Projektkaufmann ist für die kommerziellen, finanziellen und vertraglichen Belange des Projekts bzw. Auftrags verantwortlich. Daher wurde in der Vergangenheit das Claimmanagement oft als Teilbereich des Projektmanagements gesehen, geht es doch in erster Linie um die Sicherung der finanziellen Position aus vertraglichen Abweichungen.

Sicherlich ist dieser Ansatz auch zu rechtfertigen, solange das Claimmanagement eine untergeordnete Rolle spielt oder die Größe des Unternehmens oder Projekts keinen eigenen Claimmanager hergibt. In kleineren Unternehmen oder bei weniger komplexen Aufträgen ist es sicherlich sinnvoll, die Aufgaben und Funktionen des Claimmanagers auch durch die Projektkaufleute wahrnehmen zu lassen. So bleiben die Informationen in einer Hand, Informationsdefizite sowie Abstimmungs- und Koordinationsaufwand werden auf niedrigem Niveau gehalten. Natürlich muss sichergestellt sein, dass die Projektkaufleute auch in den Fragen und Anforderungen des Claimmanagements geschult sind.

Bei Großunternehmen sowie größeren Projekten bzw. komplexeren Aufträgen erfordert die Aufgabenfülle und der entstehende Zeitaufwand neben den inhaltlichen Anforderungen die Position eines Claimmanagers.

Das Claimmanagement sollte in der Aufbauorganisation des Unternehmens entweder unmittelbar bei der kaufmännischen Projektabteilung oder direkt bei der Abteilung Projektmanagement angeordnet sein. Ob diese beiden Abteilungen (oder ähnlich benannte Abteilungen) separat voneinander existieren und welche Zuordnung besteht, ist von Unternehmen zu Unternehmen unterschiedlich und hängt davon ab, ob ein Unternehmen funktional oder divisional gegliedert ist.

Sinnvoll kann auch die Einrichtung des Claimmanagements als zentrale Stabsstelle sein. Dies ist dann die bessere Lösung, wenn im Falle einer divisionalen Gliederung mehrere Projektmanagement- und/oder kaufmännische Abteilungen bestehen. In großen Unternehmen mit einem gut ausgebauten Claimmanagement existieren selten größere Claimmanagementabteilungen mit mehr als fünf bis maximal zehn Mitarbeitern. Daher sollten diese Teams für eine effiziente Steuerung der Kapazitäten einer einheitlichen Führung unterstellt sein.

Claim- und Risikomanagement verzahnen 13

Die Bedeutung von Claimmanagement hat aufgrund der in den vorherigen Abschnitten dargestellten Gründe und Ursachen zugenommen. Vor allem der Aspekt der Sicherung des Ertrags und als Instrument der Schadensbegrenzung bringen das Claimmanagement als Bestandteil des Risikomanagements zur Geltung. Darüber hinaus gibt es auch noch weitere Verzahnungen mit anderen Aspekten des Risikomanagements (Brauweiler 2015a, S. 6 f.; Brauweiler 2015b, S. 13 f.). So kann ein gut aufgestelltes Claimmanagement auch das gesetzlich vorgesehene, funktionierende System (gem. KonTraG bzw. AktG) zur frühzeitigen Erkennung bestandsgefährdender Risiken unterstützen und ergänzen.

Risikomanagement ist definiert als Implementierung organisatorischer Maßnahmen und strategischer Grundsätze sowie als die Gesamtheit aller führungsunterstützenden Planungs-, Koordinations-, Informations- und Kontrollprozesse im Rahmen von strategischem Controlling. Risikomanagement ist damit weitreichender als nur die Überwachung operativer und finanzieller Risiken. Elementarer Bestandteil des Risikomanagements ist die Gestaltung des internen Kontrollsystems und die Festlegung einer Risikostrategie hinsichtlich Vermeidung, Verminderung oder Abwälzung von Risiken, z. B. durch Maßnahmen zur Sicherung von Forderungen, Absicherungsgeschäften über Versicherungen, Währungsgeschäfte oder andere Geldmarktoperationen (Brauweiler 2015a, S. 2).

Durch die Ansiedlung im strategischen Controlling wird deutlich, dass in hohem Maße strategische Fragen betroffen sind, weil Risiken bei der Planung über große Zeiträume oftmals nicht direkt erkannt werden können. Vor diesem Hintergrund erweist es sich als wichtig, die Einhaltung von Planungszielen, insbesondere unter Zuhilfenahme eines Claimmanagementsystems bzw. -verfahrens konsequent zu betreiben.

Eine Reihe von im Rahmen des Risikomanagements identifizierten und überwachten Risiken können Störungen der geplanten Vertragsabwicklung mit sich bringen, woraus sich Eigen- oder auch Fremdclaims ergeben können. Der Claimmanager muss also über die aktuelle Risikosituation des Unternehmens für die seine potenziellen Claims betreffenden Aspekte informiert sein. Hierzu gehören beispielsweise

- die drohende Illiquidität des Vertragspartners, die sich auf die Durchsetzbarkeit von Claims auswirkt,
- vertraglich unklare Grenzfälle für das Vorliegen höherer Gewalt, die zu Terminverzögerungen führen kann (z. B. Luftsicherungsstreiks, die Fracht- oder Personalflüge behindern),
- der Ausfall von Schlüssellieferanten.

Neben der Beobachtung, Erkennung, Ermittlung und Durchsetzung von entstandenen Claims ist auch das vorausschauende Erkennen potenzieller künftiger Störungen der Leistung ein wichtiger Bereich des Claimmanagements. Darin inbegriffen ist die Bewertung der Auswirkungen in finanzieller und zeitlicher Hinsicht. Wichtiges Element der Voraussicht ist eine Risikoanalyse des Vertrags, die idealerweise bereits vor Vertragsschluss erfolgen und berücksichtigt werden sollte.

Hierbei ist auf folgende Punkte besonders zu achten:

- Überprüfung der Leistungsbeschreibung hinsichtlich Klarheit und Erfüllbarkeit,
- Überprüfung, ob Definitionen und Abläufe für Change Procedures oder Claim Procedures im Vertrag vorgenommen wurden.

Somit ist deutlich geworden, dass Claimmanagement für sich allein genommen die Risiko- und Ertragssituation eines Unternehmens erheblich verbessern kann, es aber im Kontext zu Controlling, Risikomanagement und Internem Kontrollsystem erst seine volle Stärke erreicht.

Literatur

Albrecht, Peter
Auf dem Weg zu einem holistischen Risikomanagement?
In: Versicherungswirtschaft, Jg. 54, Heft 19, Nr. 110, 1998, S. 1404–1409.

Brauweiler, Hans-Christian (Hrsg.)
Unternehmensführung heute, Oldenbourg, München, Wien 2008

Brauweiler, Hans-Christian
Corporate Governance in der Subprime-Krise, in: io new management, Zürich, Heft 04/2009, S. 8–11

Brauweiler, Hans-Christian (2015A)
Risikomanagement in Unternehmen – Ein grundlegender Überblick für die Management-Praxis, Springer Gabler, Wiesbaden 2015

Brauweiler, Hans-Christian (2015B)
Risikomanagement in Kreditinstituten – Eine ausführliche Darstellung für Praktiker mit einem Fallbeispiel zum Liquiditätsrisiko, Springer Gabler, Wiesbaden 2015

Geschka Horst; Hammer Richard
Die Szenario-Technik in der strategischen Unternehmensplanung. In: Hahn, Dietger; Taylor, Bernhard (Hrsg.): Strategische Unternehmensplanung, 9. Auflage, Springer, Heidelberg 2006.

Gleißner, Werner
Grundlagen des Risikomanagement im Unternehmen; Beck, München, 2011

Gregorc, Walter; Weiner, Karl-Ludwig
Claim Management: Ein Leitfaden für Projektmanager und Projektteam, Publicis, Erlangen, 2009

Hahn, Jürgen
Claim Management. Ist die Klage der Gruß des Projektleiters? – Claim Management zur Verbesserung des Projektergebnisses, 2004. In: Firmennewsletter 1155PM Consultants, 1. Quartal 2004.

Hahn, Jürgen
Claim Management – Step by Step – Der lange Marsch zum richtigen Ergebnis, 2004. In: Firmennewsletter 1155PM Consultants, 2. Quartal 2004.

Kühnel, Wolfgang
Claimsmanagement in Schlüsselwörtern – Beiträge zum Industrieanlagenbau, VDMA Verlag, Frankfurt am Main 2008.

Lehner, Ulrich
Neue Wege im Finanz-Management; in: Gerke, Wolfgang (Hrsg.): Aktuelle Herausforderungen des Finanzmanagements. Dokumentation des 57. Deutschen Betriebswirtschafter-Tags 2003. Schäffer-Poeschel, Stuttgart 2004, S. 10–16.

VDMA (Verband Deutscher Maschinen- und Anlagenbau)
Claimsmanagement – Erfolgreicher Umgang mit Nachforderungen, VDMA Nachrichten Juli 2003.

Printed in Poland
by Amazon Fulfillment
Poland Sp. z o.o., Wrocław